Daniel Feyerabend

# Mitten im Fluss

**Texte & Photographien**
**Daniel Feyerabened**



**ISBN: 978-3-86467-970-4**


**http://spurenpresse net**

Daniel Feyerabend

# MITTEN IM FLUSS

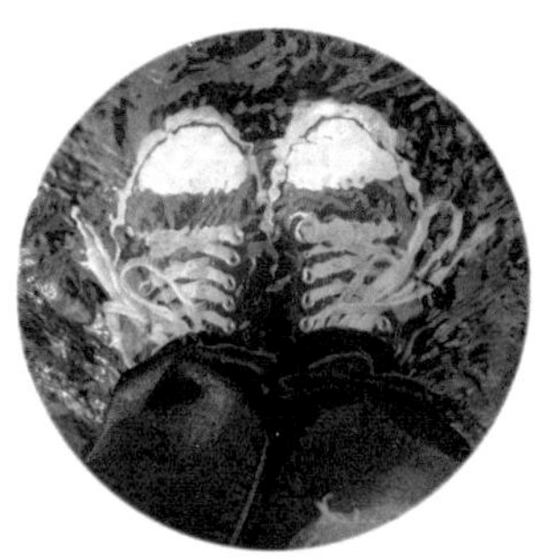

SPURENPRESSE

**Inhalt**

## Wer A sagt,
## weiß wie man Arschloch schreibt

Das Problem sind nicht die Arschlöcher

auf diesem Planeten,

sondern der Umstand,

dass diesen immer wieder Recht gegeben wird.

## Ganz anders

Eigentlich bin ich schüchtern,
aber man sieht es mir nicht an.

Eigentlich habe ich Angst,
mit Menschen zu kommunizieren,
aber ich tue es tagtäglich.

Eigentlich will ich lieber einsam sein,
aber ich brauche die Gesellschaft.

Eigentlich bin ich nicht sonderlich klug,
aber ich verwundere jeden mit meinem Wissen.

Eigentlich weiß ich nicht was Liebe ist
aber ich liebe dich von Tag zu Tag mehr.

Eigentlich bin ich ein völlig Anderer
und doch bin ich genau der,
welchen "Ihr" in mir erkennt.

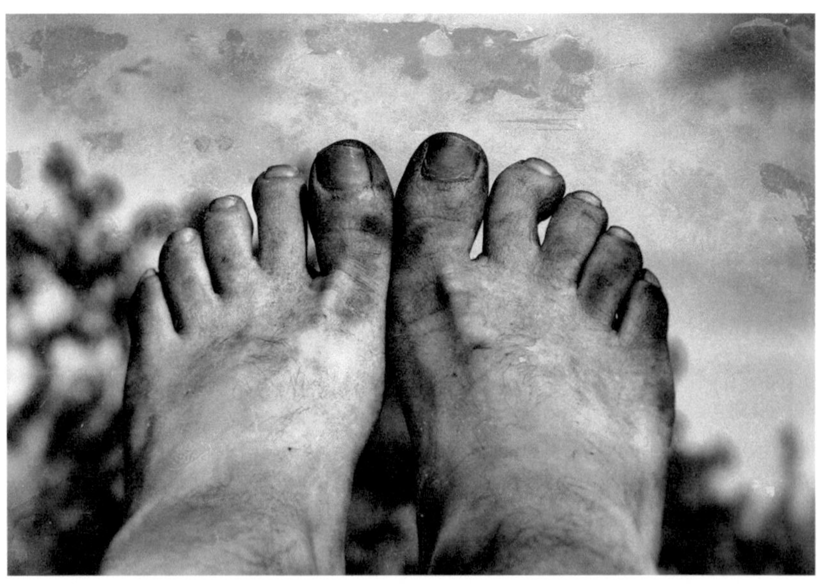

# Gute Vorsätze

Ich setze mir also etwas Gutes vor.

Aber vor was?
Vor meine eigene Fehlbarkeit?
Vor meine, sonst schlechte Persönlichkeit?

Ich muss mir also etwas vorsetzen,
damit ich meine eigene Seele, rehabilitieren kann?
Warum braucht der Mensch gute Vorsätze?

Einfach und viel einfacher ist es doch,
selbst ohne jedweden Vorsatz, ein guter Mensch zu sein.
Anderen helfen, ja ist richtig und gut, ja unbedingt notwendig.
Aber anzumerken dabei ist, dass dies nur funktionieren kann, wenn man selbst mit sich Frieden geschlossen hat.
Dann handelt man Selbstlos, losgelöst von einem Selbst,
fernab von einer psychologischen Stärkung seines Egos.

Dazu bedarf es keines bestimmten Datums
oder einer bestimmten Zeitenwende,
sondern entscheidend ist der Moment,
welcher immer "Jetzt" im Augenblick sein kann.

## Demut

Die aus der Vergangenheit,
nicht verarbeiteten Traumata,
kreieren unablässig die Zukunft.
Wer die Geschichte neu schreiben will erkennt,
dass die Nachwelt Neues nur schöpfen kann,
wenn den alten Mustern vergeben wird

## Auf dem Weg der Besserung

In den Wiederholungen von Ereignissen,
erkennt man, was es noch bedarf,
damit eine bessere Gesellschaft entstehen kann.

## Auf der Brücke

Die sicherste Brücke
zwischen zwei parallel gelebten Welten,
sollte der Kuss sein.

Das Leben ist ein Verlustgeschäft!

## Aber es macht Spaß

Am Anfang verliert man seine Unschuld,
später dann den Glauben
und am Ende sein Leben.

## Akzeptanz

Akzeptanz von Verbrechen,

offenbart den wahren Charakter,

der Akzeptierenden.

# Augen auf

Jeder der nicht sehen will,
bekommt das Licht von seinem Gegenüber.
Öffnet man die Augen erstrahlt die Helligkeit,
lässt man sie geschlossen,
erwächst die Finsternis.
Die Hölle ist nichts weiter,
als das Verschließen der Augen,
denn Sehen kann man schlecht im Dunkeln.
Blind wird man nie durch die Helligkeit
und die Dunkelheit schützt
einem vor der Wahrheit nicht.

## Bemühungen

Da wo die Liebe hinfällt,
sollte man sie auch aufheben.

## Dankbarkeit

Mit Spannung, freue ich mich
auf die Revanche jener Kinder,
welche liebevoll von ihren Eltern
im Internet präsentiert werden
und diese dann hoffentlich, dankend dafür,
auch ihre Eltern fotografisch verewigen werden,
während eine Krankenschwester,
ihnen bei der Notdurft behilflich ist.

## Dann ist es zu spät

Eine Regierung
welche Satire nicht mehr versteht,
sollte umgehend abdanken.

---

Auf wackeligem Fuß
Durch das Taumeln
zwischen links und rechts
hat man ganz übersehen,
wo sich die Mitte überhaupt befindet.
Feyerabend

# Das Gelbe vom Ei

Das Gelbe vom Ei

muss noch lange nicht das sein,

---

## Das Spiel

Fremdgehen

ist das Versteckspielen

der Erwachsenen

## Der große Kampf

Dinge geschehen, weil sie geschehen müssen.
Jedwede Schlechtigkeit, jeder Krieg, jeder Betrug,
ja alles was es an Negativität auf dieser Erde gibt,
sind die Projektionen jener, welche ihre Persönlichkeit
und Selbstachtung verloren oder noch nicht gefunden haben.

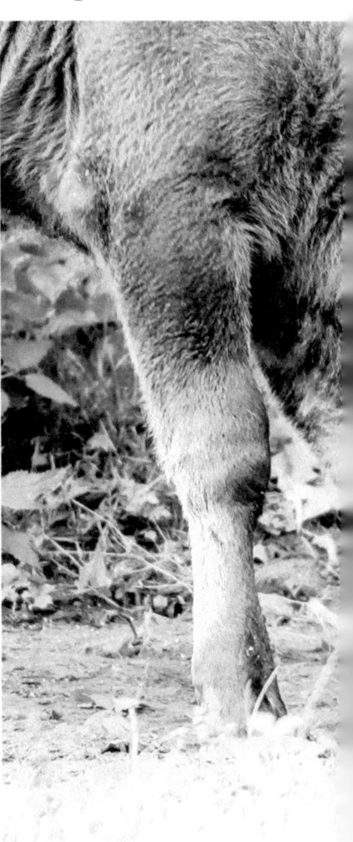

Es ist tatsächlich der Einzelne,
welcher die Missstände
auf dieser Erde formiert,
meist aus einem Mangel
der eigenen Wahrnehmung heraus.
Wenn man sich nicht selbst spürt
und nicht kennt,
muss es von außen geschehen.

Der Sinn aller Schlechtigkeit
ist nur jener, die eigenen Fehler
dadurch zu erkennen,
zu analysieren und zu transformieren
in eine Positivität.
Solange man sich dagegen auflehnt,
oder aus dem Mangel heraus
mutig zu sein, dies ablehnt,
solange bleiben auch
diese Missstände existent.

An sich und seiner Stärke
zu vertrauen,
sind die Grundpfeiler einer neu
zu erschaffenden Welt,
welche fernab von Projektionen
nur noch Freude, Glück und Liebe
aufsteigen lassen.
Hades kann nur existieren, wenn man ihm Energie
und Aufmerksamkeit gibt.
So ist es unsinnig, den Teufel buchstäblich zu verteufeln.

An seinem Dasein haftet die Fehlbarkeit der Menschen,
welche ihm nur die Notwendigkeit für seine Existenz geben.

## Der Grund des Scheiterns

In einer flach an Emotionen gewordenen Welt,

scheint es mir schier unmöglich,

Gedichte zu schreiben.

## Der Missstand

Das Sprechen rechtfertig einen Missstand,

wogegen das Schweigen diesen auflöst.

## Die Antwort

Oft ist da gar nichts was uns steuert,

sondern nur ein Irrglaube, welcher uns hindert,

endlich Verantwortung zu übernehmen.

## Die Chance

Ignoranz ist keine negative Angewohnheit.

Sie bietet die Chance, der eigenen Entwicklung

und lässt erkennen, dass dem Gegenüber,

dadurch die Möglichkeit gegeben wird,

selbst Energie zu erzeugen,

anstatt sie von anderen abzuziehen.

---

## Die Erklärung

Die Intelligenten,

glauben gleich an Verschwörungen,

nur weil sie es nicht glauben können,

dass sie von den Dummen regiert werden.

---

# Die Jugend von heute

Womöglich muss ich mir dann eingestehen,
dass man ein kleinwenig älter ist,
als man vermutet, da ich nicht dahinterkomme,
ob die Selfies der jungen Menschen
und gerade der Frauen,
eine Werbemaßnahme zur Darstellung
der Mobiltelefone,
oder der Badfliesen bedeuten soll.
Am Ende bewundere ich nur,
die Vielzahl der Varianten,
von den Rückseiten der Telefone oder aber,
ich erfreue mich an den Farbnuancen
der Badezimmerkacheln.
Denn je öfter ich mir derartige Selfies betrachte,
sieht das Hauptmotiv,
immer gleich beschissen aus,
egal, ob die Personen Vanessa oder Kevin heißen,
einzig das Badezimmer, zeigt eine gewisse
abwechslungsreiche Motivdarstellung,
gepaart von dem rückseitigen Glanz
des Mobiltelefons.

# Die Existenz

---

Sobald man Dingen einen Namen gibt,
beginnt man zu definieren und zu rechtfertigen.
Die Eigenschaft einer Selbstexistenz erlischt somit
und es bedarf immer wieder der Energiezugabe
an eine Gegebenheit,
welche eigentlich ganz von allein existiert.

## Die Finger

Das Wertvollste was eine Beziehung leisten kann,

ist die Tatsache, dass man 4 Mittelfinger besitzt.

## Die Ignoranz

Situationsbedingtes,

dem allgemeinen Tenor entsprechendes Handeln,

macht aus Ignoranten noch lange keine Helden.

# Die Schande

Das einzig Schädliche
an der Politik ist,
dass sie von vielen, viel zu ernst
genommen wird.

## Eindeutig

Die Frage ob es einen Gott gibt,

beantwortet sich für jeden von selbst,

wenn er sein Kind in den Armen halten kann.

# Eine Frage der Energie

Solange das Wort Frieden

noch in den Mund genommen werden muss,

kann man sich sicher sein,

dass der Krieg noch präsent ist.

## Einfach zu viel

Meine erste Kundin am heutigen Tag.

Sie: Ich wollte Ihnen nur ein gesundes neues Jahr wünschen...
Ich: Danke..., ihnen auch! Ich dachte damit hatte es sich.

Sie: Ich war immer bei einer netten Kollegin, wegen eines Brillenetuis. Ist die noch da?
Ich: Nein

Sie: Es hätte ja sein können, dass sie doch da ist.
Ich: Nein, es ist niemand weiter hier.

Sie: Ich wollte ihr nur ein gesundes neues Jahr wünschen, weil sie so nett war...
Ich: Ja....

Sie: Gut, dann wünsche ich eben ihnen ein neues Jahr, sie sind auch nett!
Ich: Danke! Meine Zähne biss ich dabei leicht zusammen.

Sie: Ich gehe jetzt und ein gesundes neues Jahr!
Ich: Hmm...!

Sie: Die Dame ging rechts durch die Tür, dort stand ein Werbeschild, ...ich komme hier nicht vorbei!
Ich: Dann gehen sie doch einfach durch die Linke Tür.

Sie: Ach, da ist noch eine?
Ich: Hmm...!

Sie: Na ich komm schon durch und übrigens ein gesundes Neues Jahr noch.
Ich: Während sie sprach, biss ich mir die Zähne blutig.

## Die Zeit ist abgelaufen

Das Einzige,

was ich den Nachrichten Sendungen

noch glauben kann,

ist die Zeitansage

und selbst da bin ich mir nicht mehr sicher,

wenn ich auf meine Uhr schaue.

# Fehlverhalten

Eine der größten menschlichen Fehlleistungen ist,
dass jene immer glauben,
dass Entscheidungen von weiter oben
getroffen werden.
Dennoch erkennt man,
dass da gar nichts vorhanden ist,
sondern nur die eigene Angst und Unfähigkeit,
etwas zu entscheiden
und die Verantwortung dafür tragen zu müssen.

Das Wissen der großen Denker und Dichter,

wird allzu oft von Jenen verwendet,

welchen es besser stehen würde,

wenn sie selbst ein Denken entwickeln könnten.

## Gefangen

Wenn man die Zeit wie eine Schleife empfindet,

sollte man erkennen,

dass man durch den Alltag

gefangen genommen wurde.

---

## Gooooogle

Früher als es noch kein "Google" gab,
musste man seine Fragen selbst beantworten.
Und heute wo dies "Google" für uns tut,
fällt es uns plötzlich schwer,
die richtige Frage zu stellen.

## Grausam

Systematisierung schafft es tatsächlich,
aus jeder philanthropischen Idee,
eine Erbarmungslose zu erschaffen.

# Müdigkeit

Der stetige Lauf der Welt,
das Zusehen der Gegebenheit,
das ständige schwimmen im Strom,
macht müde.

So unendlich müde.

Auszubrechen aus der Norm, sich zu entfalten
und zu entblättern,
das Verlangen raus aus dem Zwang der Normalität,
ist so groß wie niemals zuvor.

Man hört von Standards, von Regeln und Normen
und fühlt sich wie gelähmt in einem Kreis aus
Wiederholungen. Wo ist er hin, der Mut zur Flucht
weit weg von der Mitte, sich wieder zu besinnen,
was man erreichen wollte, um aus der Kraft
des Entgegenschwimmens, erneut Energie
zu gewinnen.

Um letztlich sagen zu können.

Ja, Gott weiß, zumindest habe ich es versucht?

Sehr weit weg erscheinen jene Tage des Schneids
und der großen Klappe, nur um sich seiner treu
zu bleiben.
Weit weg die Andersartigkeit im Denken.

Und nun in der Tiefe, versuche ich wieder heraus
zu kommen, aus dieser Rückwärtsbewegung,
um zu fliehen und um zu wachsen, damit ich mich
wieder selbst finden und ertragen kann.

Und einzig aus diesem Grund und dieser Sehnsucht,
esse ich mein Knoppers zukünftig erst um Zehn!

## Haltbarkeit

Man kann nichts halten,
was man nie wirklich berührt hat.

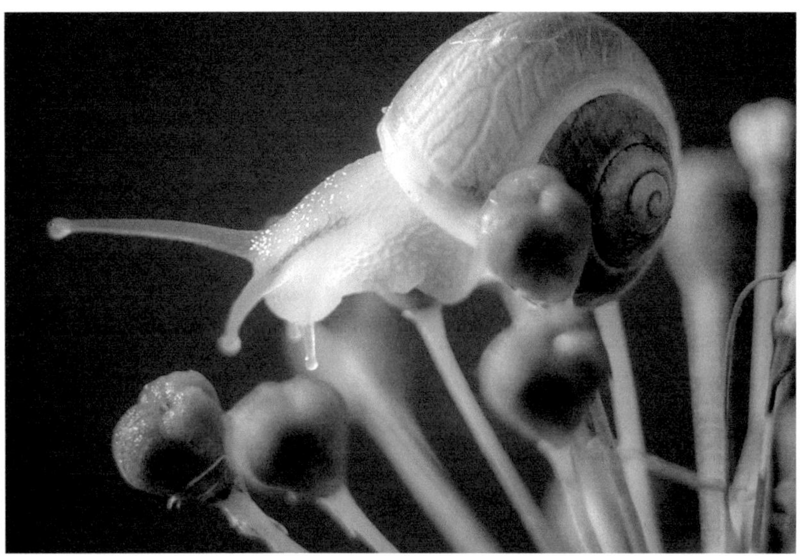

## Hochbegabt

Und wie viele hochbegabte
und denkende Menschen, verlieren sich,
an den vermeintlich Besserwissenden,
welche in ihren Vorgesetztenstühlen durchhängen,
als wären sie gelähmt von ihren Überzeugungen,
alles richtig zu machen.

Würden sie gelernt haben,
nur mal nach rechts und links zu schauen,
würde sehr vieles an Großartigem entstehen
können, was jenen nur in ihrer Fantasie
vorschwebt.

## Lieber zweimal hinsehen

Jeder gute Mensch hat eine Vergangenheit

und jeder Schlechte eine Zukunft.

## Jungbrunnen

Niemals,

könnte ich alt werden,

solange ich auf der Suche bin.

## Man(n) wird verrückt

Eine einzelne Frau, kann man durchaus,
als eine Krönung der Schöpfung bezeichnen.

Wenn diese sich aber summieren,
dann fällt die Krone sehr schnell nach unten.

Bei den Männern ist dieses eher umgekehrt.

---

## Mein Gott

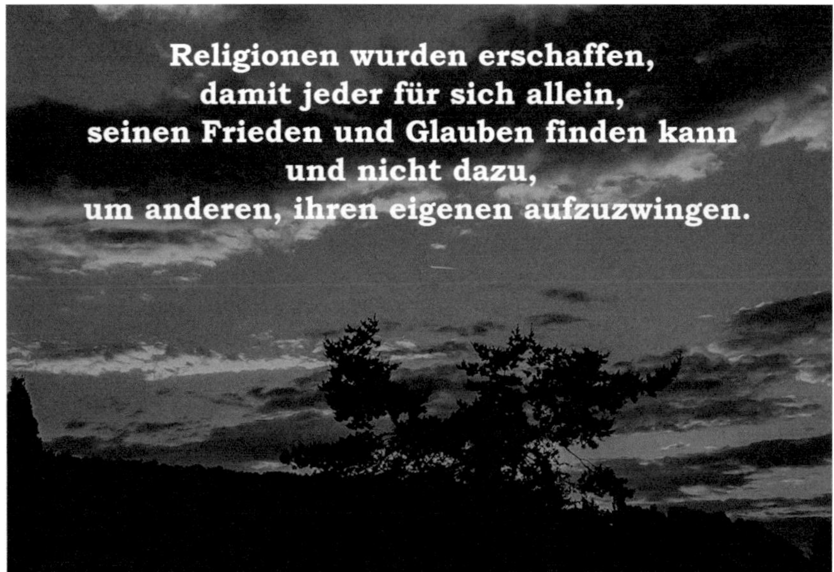

# Leuchtkraft

Auch wenn man sich

ins rechte Licht rückt,

heißt das

noch lange nicht,

dass man auch

leuchten kann.

## Mittendrin

Und mittendrin in Ereignissen,
erkennt man nicht, die gestillten Sehnsüchte.
So bleibt der Blick von außen,
auf die Betrachtung der Dinge im Inneren.
So erlebt man die wundersame Erfüllung
der gesuchten Begierde
und die Freude es für sich erleben zu dürfen.

## Mutti

Weil zwei sich streiten, regiert die Dritte.

## Nicht vergessen

Selbst wer sich getragen fühlen darf,
ist durchaus in der Lage,
auch eigene Wege zu gehen.

# Die Notlösung

Es bleibt nur das Belügen,

wenn Dumme Menschen,

**die Wahrheit,**

einfach nicht wahrhaben wollen.

## Nur Mut

Jede unsinnige Verpflichtung,
sollte bei keinem Menschen
Ängste hervorrufen lassen,
sondern lediglich,
dass Erwachen seiner Kreativität fördern.

Schattig

Wenn man seinen
Schatten sieht,
kann man sicher sein,
dass man sich
vom Licht entfernt hat.

## Vorsicht

Demokratie ist die Diktatur

der Hochkultur.

## Obacht

Das gesellschaftliche Prinzip funktioniert nur,
durch die Inanspruchnahme
medialer Vergewaltigung,
welche allerdings nicht, als solche erkennbar ist.

Ein geblendetes Volk,
ist der Schlüssel für eine erfolgreiche Gesellschaft.

## Ode an die Männer

Ein Mann ist so alt wie er sich fühlt.
Und eine Frau so, wie sie sich anfühlt.

## Plakatverbot

Diese Idiotie,
wenn ausgerechnet
ein "Plakatieren Verboten" Plakat,
darauf hinweist,
dass es hier eigentlich gar nicht hängen dürfte,
geht mir einfach nicht mehr aus dem Kopf.

## Prüfe vorher

Glück kann man zwar verdoppeln,
aber niemals erst aus Zweisamkeit erzeugen.

Ob man nun den rechten
oder linken Weg wählt,
ist doch am Ende egal,
so bleibt doch die Richtung,
dieselbe.
Man sollte erkennen,
dass der Pfad stabiler
und fester wird,
wenn man sich entscheidet,
die zwei Wege zusammenzuführen.

## Richtig krank

Es gibt doch kaum etwas Gewaltigeres
in diesem Leben,
was einen mehr zusetzt,
einen an den Rand des Wahnsinns drückt,
so dass man alle Kraft
zusammen trommeln muss,
damit man es überhaupt auch nur ansatzweise
ertragen kann,

als einen echten MÄNNER Schnupfen zu haben.

## Ruhe

Wenn heute aus einer Schweigeminute,
ein Schweigejahrhundert werden würde,
dann wären schon morgen,
alle kriegerischen Auseinandersetzungen,
für immer beendet.

Schade drum

Der Unterschied mit zunehmendem Alter ist,
dass man im Gegensatz zur Jugend,
immer mehr Entscheidungen vorher abwägt,
anstatt aus dem Augenblick heraus zu handeln.

Ob man dies nun als eine gutüberlegte Weisheit
abtut, oder eher als Feigheit beschreiben kann,
entzieht sich leider meiner Kenntnis.

# Relativität

Relativ ist die Zeit erst dann,
wenn man relativ viel Zeit mit ihr verbringt.

## Schweine im Bundestag

Menschen lügen,
  dass sich die Balken biegen.
Menschen führen Kriege,
  um ihre Macht auszudrücken.
Menschen misshandeln Kinder,
  um ihre Abartigkeit auszuleben.
Menschen verachten andere,
  um ihre Meinung zu verteidigen.

Und Tiere hingegen,
  folgen einzig ihrem Instinkt
und gerade da wundert es mich zunehmend,
  dass der Bundestag,
nicht von Schweinen besetzt ist.

## Sei ganz vorsichtig

Hüte Dich
vor Menschen,
die Dir
damit drohen,
"Ich habe da
mal eine Frage".
Es könnte
gut möglich sein,
dass Du, wenn
du heimkommst,
dermaßen erschrickst,
weil deine junge Frau plötzlich,
klappernd ihr Gebiss ins Glas legt
und deine kleinen süßen Kinder,
dir plötzlich in die Arme laufen und sagen,
"dass der Opa" jetzt da wäre
und mit euch spielen wird.

Dann überlegst Du,
wie die Zeit vergangen sein musste,
als Du diese eine Frage beantworten wolltest
und urplötzlich merktest,
dass Du gefangen warst in ein Wortspiel,
welches Jahrzehnte anhielt
und natürlich, wurde diese eine Frage,
niemals beantwortet.
Deshalb hüte dich vor Menschen,
welche dir sagen,
"Ich habe da mal eine Frage".

Nie so habe ich es erlebt,
ist es bei dieser einen Frage geblieben,
obgleich ich seit Jahren immer, die eine richtige
Antwort heraus gesprochen habe.

## Selbstbewusstsein

Das Problem sind keineswegs
die sinnfreien Politiker,
die korrupten Konzernvorstände
oder die fabelnden Medien,
welche uns tagtäglich eine falsche Wahrheit
vorzugaukeln versuchen,
sondern einzig der fehlende Mut vieler,
eigene Verantwortung für sich zu übernehmen.

Denn so, würden derartige Instrumente,
in die Bedeutungslosigkeit verschwinden.
Es liegt an jedem einzelnen selbst,
ob er diese Vorschriften braucht,
oder aber lieber selbst zur Feder greift.

## Sportlich

Die Lüge ist wie Extrem Sport.

So muss sie doch stets,

mit Disziplin trainiert werden,

damit sie niemals aufgedeckt werden kann.

## Synchronisiert

Synchronität
erwächst aus dem Erkennen des Gleichnisses,
von zwei zuvor gedachten Unterschiedlichkeiten.

## Trumpete

Schlagzeilen vom 09.11.2016

1. Trump
2. Trump
3. Trump
4. Trump
5. Was bei Reizdarm hilft
6. Trump

## Tubbies

Und ich träumte verschlafen
von schwierigen Zeiten,
wo Kriege wie Pilzatome aus dem Boden sprossen,
wo man Gastfreundschaft völlig überspannt verstand,
wo geistige Umnachtung sich so verstecken konnte,
dass es wie ein Überfluss
von Intellekt auszusehen schien.

Doch dann war ich froh, dass
die Teletubbies mir wieder
freundlich ins Gesicht winkten,
auf ihrem grünen Hügel der Hoffnung
und mich begradigen wollten,
als wäre ich in eine Welt hineingeboren,
umgeben von farbigen Plüschmonstern
mit Empfängern am Hirn,
welche mich zu manipulieren versuchten,
alles das zu glauben, was um mich herum
alltäglich geschieht.

Und alsbald wachte ich müde auf
und siehe da es war gar kein Traum,
sondern das Kinderfernsehen.

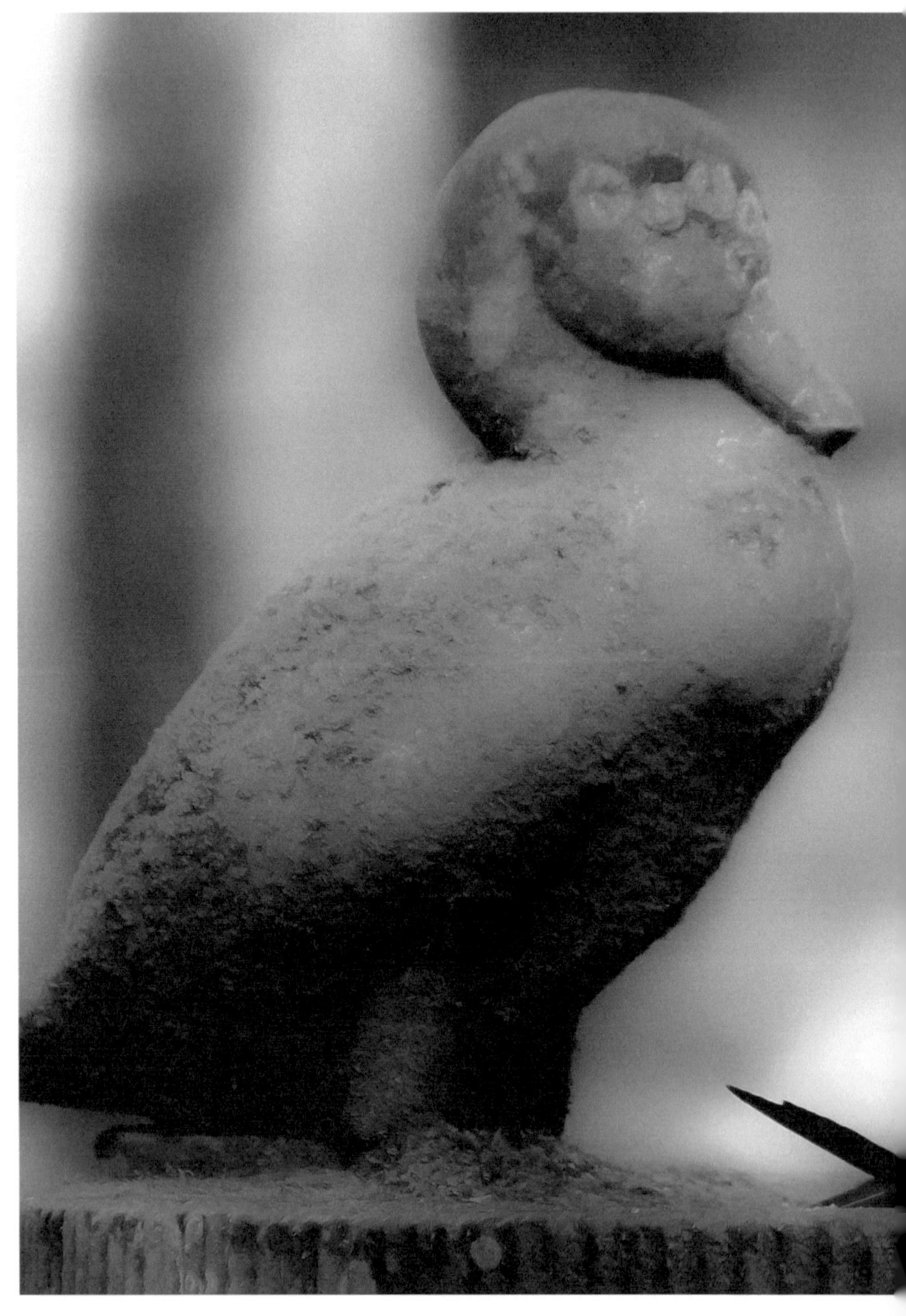

Unter Vorsatz
Vorgesetzte werden einem buchstäblich, davor gesetzt.

# U(h)rsache

Wenn deine Zeit Dir unaufhörlich wegläuft,

sollte man prüfen,

ob nicht eine Uhr die Ursache dafür ist.

## Schieflage

Eigentlich ist es nur

die geistige Umnachtung der Mächtigen,

welche die Intelligenten,

in den Glauben versetzen,

dass alles Schiefgehende,

gleich Verschwörungstheorien sein müssen.

## Völlig Sinn frei

Wie ein Herz,
dass sich schwer wie das Meer ergießt,
in den Lauf dieser Welt,
die regiert nur das Geld,
da gehe ich durch die Straßen
und sehe all diese Nasen,
die gebückt vor mir laufen,
um sich etwas zu kaufen.

Die nur wandeln wie die Toten,
sich verhalten wie Idioten
und dann merke ich immer mehr,
dieser Text wird mir viel zu schwer,
dass er wohl kaum noch ein Ende
finden kann und jetzt bin ich dran,
dieses Schreiben hier einfach
zu beenden und was
geschrieben steht,
soll nun auch so bleiben.

## Vom Winde verweht

Selbst, wenn man sich
durch den Wind getragen fühlt,
ist es nicht verkehrt,
wenn man fliegen kann.

# Von der Geschichte lernen

Die aus der Vergangenheit,
nicht verarbeiteten Traumata,
kreieren unablässig die Zukunft.

Wer die Geschichte neu schreiben will erkennt,
dass die Nachwelt, Neues nur schöpfen kann,
wenn den alten Mustern vergeben wird.

# Von Göttern und Monstern

In einem Land von Göttern und Monstern,
wurde ich geboren, rein und frei von allen
sexuellen Gelüsten.
Ich war ein Engel so schön und liebevoll, dass mein
Herz, fast die gesamte Größe dieser Welt
einvernehmen konnte. Ich schaute traurig auf all die
anderen, welche sich ihrem Körper und dem Alkohol
hingaben.
Ich wollte lernen und wissen, warum sich viele,
so fallen lassen. Was ist es, dieses Verlangen
nach immer mehr und immer mehr?
Und so sollte nun meine reine Seele verkauft werden,
nicht nur an einen, sondern an alle.

Ich wollte spüren, was die Menschen, kaputt macht,
was sie, an den Rand des Todes stürzt.
So ließ ich mich auf alle Männer ein, egal ob es
Götter oder ob es Monster waren.
Ich lies mich ficken, ständig und hart und immer
wieder. Schmerz ertränkte ich in Alkohol, später
dann in Drogen. Und ich spürte etwas in mir, was
mich nie wieder loslassen sollte, die Sucht.

Sucht nach Allem, nach Alkohol, Drogen und Sex.
Ich wollte mehr davon und zwar sehr viel mehr.
Mein Wesen veränderte sich, ich begab mich
stufenweise abwärts in die Hölle.
Ich fühlte mich einerseits total ausgesaugt und
missbraucht, andererseits aber lebendig.
Ich war plötzlich jemand!
Ich musste mich nicht entscheiden,
ob ich ein Gott oder ein Monster sein wollte.
Ich war alles und jeder, denn ich machte keinerlei
Ausnahme, alle konnten meinen Körper spüren,
wann immer sie es wollten und brauchten.

Ich begann sehr oft zu singen, so hatte ich,
ein noch größeres Gefühl von Wichtigkeit und Wert.
Ich suchte den Teufel immer und überall,
sei es im Alkohol, im Sex oder in den unendlich
vielen Drogen, welche ich zu mir nahm.
Ich war ein Frack, aber ich spürte mich
und wenn einmal nicht,
dann nahm ich mir einfach jemanden,
welcher mich hart und von hinten nahm.

Das ist mein Land von Göttern und Monstern.
Ich weiß nicht mehr, warum ich hierhergekommen
bin, warum ich all diese Erfahrungen brauchte.
Dann jedoch, nach meinem letzten Atemzug, zog
alles noch einmal an mir vorbei und ich erkannte,
dass ich nur eines gesucht habe...

**Ich suchte einzig und allein mich!**

# Und wir streiten

Manchmal, wenn wir streiten, schweigen wir
derart, dass man meint, alle Menschen auf
diesem Planeten hätten ihre Münder verloren.
Kein einziges Wort fährt über unsere Lippen.
Unsere Blicke gehen weit auseinander und
niemand ist gewillt, die Augen des anderen
zu suchen.

Die Gedanken rattern wie wild und dennoch,
ist Totenstille.
Der Konflikt, wurde eingehüllt in Ruhe,
wo Worte eigentlich
sowieso überflüssig wären, denn wir haben
gelernt, uns in unsere Gedanken
zurückzuziehen.

Die Probleme sind die Eigenen und dem
anderen etwas vorzuwerfen, wäre
nicht richtig.

So schweigen wir uns an.
Und zwar solange bis einer
wieder anfängt zu sprechen.

## Die Knöpfe

Ein kleiner Junge mochte ein Mädchen.
Sehr oft spielten sie Miteinander.
Alles war so leicht und sie lachten sehr viel.
Täglich trafen sie sich am Waldrand an einem kleinen Bach.
Da sagte das Mädchen:
"Hey, ich würde dir gern etwas schenken."
Der Junge freute sich so sehr darüber und fragte sich, was es wohl sein könnte.

Es vergingen Tage, Wochen und Monate
und immer wieder sagte das Mädchen,
das es ein Geschenk für den Jungen hätte.
Ständig war dieses Geschenk in seinen Gedanken,
denn er hatte das Mädchen wirklich sehr gern.
Eines Tages lief er durch den Wald und kam
zu einem Feld.
Langsam wurde es Nacht und er verirrte sich.
Er konnte sich nicht mehr daran erinnern,
wie er wieder zurück nach Hause kommen sollte.
Plötzlich rutschte seine Hose herab und da bemerkte er, dass die Knöpfe an seiner Hose fehlten.
Wegen dieses Umstandes, konnte er sich nicht mehr richtig aufrecht halten und ehe er sich versah, rutschte er den Abhang hinunter.
Er fiel und fiel immer tiefer und lag dann am Ende in einer kalten Nacht im Abgrund.

Ein Geier, der dies beobachtete, ergriff seine Chance, schnappte sich den Jungen und nahm ihn mit sich.
Der Junge aber ward nie wiedergesehen.

Am nächsten Tag ging das Mädchen, erneut zum gemeinsamen Treffpunkt, um dem Jungen endlich sein Geschenk zu überreichen.
Aber dieser kam nicht mehr.
Traurig schaute sie auf ihr Päckchen, welches sie ihm schon so lange hatte geben wollen.
Darin befanden sich nämlich Zauberknöpfe!

Und da begriff das Mädchen, dass die Knöpfe vielleicht ein Schutz für den Jungen gewesen wären, die dieser sicher, voller Stolz getragen hätte, anstatt ihn ständig mit ihrem Geschenk zu vertrösten.

Und somit wäre diese Geschichte wohl niemals passiert.

# Meine große Liebe

Ich erinnere mich sehr gern an unsere
gemeinsame Zeit.
Du hast es geschafft, alles Graue vom Himmel
zu verjagen.
Dein Licht durchleuchtete meine Seele und ich wurde
stetig gewärmt von deiner Anwesenheit.

Der Geruch von Dir, lies mich leben und lachen,
verschwunden waren alle düsteren Gedanken,
als wären sie niemals da gewesen.

Lang ist es her, dass du mich erhellt hast und heute,
laufe ich auf dunklen Wegen umgeben von Kälte,
welche einem die Furcht beibringt.
Es ist so dunkel und so kalt auf dem Weg,
der dich sucht und schier endlos für mich erscheint.

"Wo bist du?", du die mich bezauberte,
mir Leben einhauchte und immer genau wusste
was mir fehlte.
Gerade jetzt in der Düsterheit des graubedeckten
Tages, möchte ich wieder zu Dir und Deine Nähe
spüren, die Augen schließen und verträumt auf einer
Wiese liegen.

Aber Du bist so weit entfernt, Du hast mich verlassen
und leise rufe ich Deinem Namen, immer wieder,
damit Du mich erhörst und meinen Wunsch erfüllst,
dich endlich wieder bei mir zu haben.
Wie damals, als wir zusammen waren und uns
niemand trennen konnte.
Denn selbst die Wolken verneigten sich vor uns
und gingen mit Dir einfach fort.

Du fehlst mir so sehr.
mein geliebter Sommer...

# Die Brüste

Einsam und langweilig waren meine Tage, bis ich dich fand.

Du warst schön anzusehen und vor allem witzig.
Eine Eigenschaft, welche ich den Frauen eigentlich gar nicht zutraue und die gewissermaßen auch niemals so zusammen auftraten.

Jeden Tag schrieben wir uns Texte.
Brüste" schriebst Du mir, "Ich suche meine Brüste".
Was will sie denn jetzt dachte ich mir?
Dann folgte ihre Antwort
"Bürste, meinte ich."
"Ich suche meine Bürste."
Und ein Lächeln kam mir über die Lippen.

So kommunizierten wir tagtäglich
und das Verlangen dich zu treffen, stieg fortan.
Eines Tages war es dann soweit, wir waren miteinander verabredet.

Sympathie überflügelte unser Date und keiner von uns glaubte daran, dass der Abend so enden sollte. Wir gingen in ein Restaurant und aßen gemeinsam zu Abend.
Wahrscheinlich hattest du großen Durst,
denn nach der einen Flasche Wein, die du in einer Stunde leertest, sollte es noch eine zweite sein.
Es wurde immer lustiger, trotzdem spürte ich das Bedürfnis,nach Hause zu gehen, um das bisherige Geschehen auszuwerten.

Doch es gelang dir, mich umzustimmen und so locktest Du mich charmant, mit zu Dir nach Hause.
Ich besorgte uns ein Taxi und auf der Heimfahrt, hielten wir noch einmal an einer Tankstelle, um eine dritte Flasche Wein zu organisieren.

Den Rest des Weges liefen wir zu Fuß in die Richtung Deiner Wohnung. Plötzlich überkam dich das Verlangen den Wein wieder loszuwerden und du kamst auf die glorreiche Idee, Dich einfach hinzuhocken um deine Blase zu entleeren.

Dass dies genau auf dem Kinderspielplatz vor einem Klettergerüst geschehen sollte, sei nur nebenbei erwähnt.

Wir waren bei deiner Wohnung angelangt und ich erschrak nach dem Eintreten ein wenig, als ich zwei freifliegende zwitschernde Vögel in deinem Flur entdeckte. Gleich zu Beginn, wolltest du mir unbedingt dein Lieblingsmusical zeigen, gut dachte ich, das klingt vernünftig, warum auch immer!
Du hast mitgesungen lautstark und ich lauschte Deiner sehr schönen Stimme.

Nach der gefühlten Hälfte des Musicals, geschah es dann, Du versuchtest plötzlich, mich zu entkleiden und der Gesang verstummte, als dein Mund geneigt war ein anderes Instrument zu spielen.
Auch mir gelang es nun, dir deine Sachen komplett zu entreißen und wir erlebten eine heftige Nacht welche dann mit Wein und Lust langsam zu Ende ging.

Wir schliefen friedlich zusammen ein!

Doch irgendwann, stand jemand vor deinem Bett. Ich war noch völlig schläfrig und trunken vom Wein deshalb bemerkte ich es erst, als mich dieser jemand auffordere aus dem Bett aufzustehen. was ich natürlich, mit wackligen Beinen auch tat.
Dabei realisierte ich langsam, was hier geschehen war. Dieser Jemand stellte sich anschließend als dein Freund heraus und er forderte mich auf, meine Sachen anzuziehen und mich auf die Couch zu setzten.

Gut dachte ich, jetzt bekommt du gehörig eines auf die Fresse und etwas zitternd erwartete ich, den Faustschlag in meinem Gesicht.
Ich wollte eigentlich nur, dass es schnell vorüber ging und ich damit verschwinden konnte, aber nein, er begann mit mir zu reden.

Immer wieder offerierte er, dass ich mir keine Sorgen machen müsste und ich keinen Fehler in dieser Nacht begangen hatte.

Wir redeten eine gefühlte halbe Stunde und anschließend bat er mich, seine im Bett schlafende Freundin zu wecken.

Ich versuchte Dich wach zu bekommen, aber Du schliefst wohl so tief, dass Du von all dem nichts mitbekamst.
Nach diesem Gespräch war ich fast geneigt, mit Deinem Freund noch eine Flasche Bier zu trinken, doch er formulierte höflich, dass ich nun die Wohnung zu verlassen habe.

Noch entsetzt von dieser absolut unpassenden Reaktion, tat ich dies dann auch und suchte meine Sachen, denn ich saß ja immer noch halbnackt auf der Couch, zog mich an und gab ihm die Hand, um mich für mein Vergehen zu entschuldigen.

Schon gut sagte er, mach dir keine Sorgen und ich begab mich schnell auf meinem Nachhauseweg.

Das war der Anfang einer Beziehung welche am Ende ganze 3 Jahre dauern sollte.

Mit der Frau natürlich, nicht mit dem Mann, wobei ich im Nachhinein immer mehr zu der Erkenntnis kam, dass er wohl die bessere Wahl gewesen wäre.

---

## Es muss Liebe sein

Ich liebe Dich,
aber ich weiß nicht warum.

Ich kann Dir nicht sagen,
welche Eigenschaften,
ich wertvoll an Dir finde.

Ich weiß nicht
ob es richtig oder falsch gewesen ist,
dass wir uns trafen.

Ich kann nicht definieren,
warum ich es mag,
wenn du früh neben mir liegst.

Ich kann dir nur sagen,
ich dich liebe.

Und das so sehr,
dass ich nicht einmal weiß,
warum das so ist.

## Der Außerirdische

Was willst du hier,
fragte der Präsident den Außerirdischen?

Ich will Dich warnen, warnen vor der Zerstörung
der Erde, sagte der Außerirdische.
Was genau weißt Du denn, was wird passieren,
fragte der Präsident?
Was genau würdest Du denn tun, wenn ich Dir
erzähle, dass die Erde so wie wir sie kennen, bald
komplett ausgelöscht sein wird, fragte der
Außerirdische?

Ich würde alle Staatsoberhäupter, dass Militär und
jegliche Führungskräfte zusammentrommeln,
um eine Möglichkeit zu finden dies abzuwenden,
sagte der Präsident.

Gut, sagte der Außerirdische und warum hast Du
bisher nichts dergleichen getan, fragte er dann?
Ich verstehe nicht was du meinst, sagte der Präsident.
Du bist doch gerade erst zu mir gekommen und hast
mir erst in diesem Augenblick berichtet, dass die
Erde zerstört wird?!
Wie kann ich da schon die Zerstörung verhindern?

Seit Jahrhunderten wird die Erde missbraucht,
verseucht und zunichte gemacht, sagte der
Außerirdische und niemand von euren Politikern,
hatte jemals auch nur den Ansatz, dies in irgendeiner
Weise zu verhindern. Ihr belügt eure Bevölkerung,
ihr zerstört bewusst die Natur und missachtet
die eigenen Mitmenschen.

Du meinst, dass ist die Art der Zerstörung welche Du
mir mitteilen wolltest, fragte der Präsident?

**Ja, sagte der Außerirdische, es gibt keine Bedrohung von außen die gab es niemals und wird es niemals geben.**
**Das was euch zerstört seit ihr selber, einzig,**
weil ihr Macht haben müsst um euch zu definieren.
Ihr könnt euch nur selber wahrnehmen, wenn ihr es durch Herschsucht ausdrückt.
Moment, sagte der Präsident, das ist alles?

Genau, sagte der Außerirdische das wollte ich Dir mitteilen.

Du bist sehr klein und wirkst kindlich ja fast menschlich, sagte der Präsident.
Das stimmt, erwiderte der Außerirdische, dies kann ich ganz leicht erklären.
Es liegt einfach daran, dass ich ein kleines, menschliches Kind bin und hier auf der Erde geboren wurde. Ich bin kein Außerirdischer.
Aber niemals hättest Du mich erhört, wenn ich nicht in den Worten einer Bedrohung von Außen gesprochen hätte, dazu ist dein Ego viel zu groß.
Ich habe keines und brauche auch keines.
Ich bin ein Kind und dass einzige, was ich brauche, ist eine gesunde Erde, auf der ich leben kann.

Und im Grunde brauchst Du nichts mehr dafür tun mein Präsident.

## Der Zeitreisende

Nun bin ich angekommen in eurer Zeit und erstaune mich an den Gegebenheiten.
Ich reiste Jahrzehnte zurück in die Gegenwart, welche eure Zukunft werden soll.

Verwundert und ein wenig entsetzt schaue ich mich um in eurer Welt und sehe Dinge, welche ich nur aus unseren Erzählungen und aus Museen kenne.
Niemals habe ich geglaubt, dass die Vergangenheit wirklich genauso war, wie es uns immer gelehrt wurde. Ich empfand diese Geschichten immer sehr überzogen, überzogen durch Übertreibungen, die aber in unserer Zeit eigentlich gar nicht mehr stattfinden.

Wir leben alle friedlich miteinander, keiner muss einer Arbeit nachgehen, so wie ihr dies kennt.
Wir arbeiten nur wenn wir es wollen oder, wenn jemand unsere Hilfe benötigt.
Und dennoch haben wir alles im Überfluss und sollte etwas fehlen, dann helfen die Menschen demjenigen, der es benötigt und das voll und ganz, ohne eine Gegenleistung. Gegenleistung, was für ein Wort. Ich leiste also nur etwas, wenn ich dafür auch etwas bekomme? Ich hoffe ich verstehe das richtig, aber so etwas kann ich mir nicht einmal im Traum vorstellen. In eurer Zeit allerdings, scheint dies wohl normal zu sein.

Wir haben alles, fast jeder besitzt ein eigenes Haus, ein Grundstück und jedem geht es gut.
Wir können alle vorhandenen Baumaterialien einfach so verwenden oder aber, die Natur bietet uns den Rest, den wir noch benötigen, an. Niemand käme jemals auf die Idee, dass er dies für sich allein beanspruchen würde es ist ja reichlich und genug für alle da.

Tagsüber kümmern wir uns um unsere Tiere, welche wir auch nicht verspeisen, wie es bei euch wohl den Anschein hat. Wir essen ausschließlich das, was die Natur uns bereitstellt an Pflanzen oder Früchten.

Unser Trinken bekommen wir von sauberen Bächen und Flüssen oder fangen es durch den Regen auf. In der restlichen Zeit nutzen wir kostenlose Bildungseinrichtung, wo Wissen immer, für jeden und zu jeder Zeit bereitsteht.
Deshalb haben wir alle auch den gleichen und guten Bildungsstandard. Auch wir benutzen ein Datennetzwerk, es funktioniert so ähnlich wie das was ihr Internet nennt, nur dass in jenem, ausschließlich Wichtiges und Sinnvolles Wissen enthalten ist. Es gibt auch eine Art Bibliothek in diesem Datennetz, wo man die Vergangenheit kennenlernen kann. Diese nutze ich sehr oft, weil dort Dinge zu lesen und zu sehen sind, die ich einfach nicht glauben konnte.
Das war auch der Grund, warum ich in eure Zeit gereist bin. Ich wollte glauben.

Während wir täglich beschäftigt sind, Nahrung zu produzieren, anderen zu helfen oder Infrastrukturen zu erschaffen, macht ihr Selfies.
Ihr habt wahrscheinlich so ein Verlangen, euch stundenlang anzuschauen und der Nachwelt davon zu berichten, wie schön ihr doch seid und dass, euch nur die schiefe Nase stört, welche ihr aber im fünf jährigen Sparprogramm mit Sicherheit korrigieren lassen werdet, dass ihr dies tagtäglich, in sogenannten, öffentlichen Netzwerken posten müsst.

Unglaublich was ich alles gesehen habe.

Ihr findet „Conchita Wurst“ ganz großartig, was immer das auch ist, ihr bekommt Nachwuchs und das erste was ihr macht, ist, dies der ganzen Welt zu zeigen. Wer will das wissen?

Auch gab es bei euch „Schweine im Weltraum“.
In unserer Zeit würden Schweine, niemals in ein Raumschiff steigen, sie können auch nicht fliegen.

Vieles ist so seltsam, ihr führt Kriege wegen des Rohstoffes Öl, wir hingegen nutzen die Sonne oder den Wind und niemals käme jemand auf den Gedanken, all das, nur für sich zu beanspruchen.
Eure Zeit ist sehr merkwürdig und ich frage mich, wie ihr das überhaupt Leben nennen könnt.
Ihr lebt nicht, sondern ihr funktioniert nur und dass nicht einmal gut.
Das was ihr Leben nennt, ist vielmehr ein Eintrichtern von falschen Werten eurer Regierungen.
Braucht ihr wirklich jemanden der euch eine Regieanweisung zum Leben gibt?
Schafft ihr es denn nicht auf euch selbst aufzupassen?

Muss es denn sein und vor allem was bringt das, wenn eure beste Freundin, welche natürlich nur solange eure beste Freundin bleibt, bis sie ihre Hände an den primärenGeschlechtsorganen eures Partners hatte, dass diese, ein neues Tattoo zwischen ihren Schenkeln trägt, um es dann in aller Öffentlichkeit noch zu präsentieren.
Wem nützt sowas?

Jeden Gedanken, den ihr denkt, müsst ihr aussprechen. Warum? Seid leise.

Und außerdem, braucht es keinen Musikantenstadel, keine Guten oder Schlechte Zeiten und keine endlose Werbung, welche euch Tag genau erklärt, wann ihr die Antifaltencreme auftragen müsst, um 12 Minuten jünger auszusehen, obgleich nach dieser Manipulation, euer Hirn um etwa 5 Jahre gealtert ist?
Amüsant finde ich eure Zeit denn all diese Dinge haben wir nicht.

Bei uns läuft alles, um es mit euren Worten zu sagen, „easy“ ab.

Und dennoch wollte ich zu euch, um zu sehen, ob es sie wirklich gibt, diese Geschichten von damals, als die Welt noch gar keine war und ihr glaubtet, ihr seid die Größten.

Und jetzt ist es an der Zeit wieder zurückzugehen in die Zukunft und wenn ihr mir etwas zugehört habt, dann könnte es auch eure werden.

Gib Gas Doc Braun...

---